AF263772

LE CRI DE LA FRANCE,

ou

LES DERNIÈRES ÉLECTIONS.

LE CRI DE LA FRANCE,

ou

LES DERNIÈRES ÉLECTIONS;

Par Ch^{les}. MAZERON (de l'Allier), Avocat.

PARIS,

C. J. TROUVÉ, IMPRIMEUR-LIBRAIRE,
RUE NEUVE-SAINT-AUGUSTIN, N° 17.

—

DÉCEMBRE 1822.

LE CRI DE LA FRANCE,

ou

LES DERNIÈRES ÉLECTIONS.

Le moment des Élections approchait; fiers d'une cause sacrée, sans inquiétude pour l'avenir, les royalistes n'opposaient aux injures de leurs ennemis qu'un front calme et une conscience sans reproche. Quelques-uns seulement, frappés de l'apparente tranquillité du parti libéral et des orgueilleuses déclamations de ses journaux favoris, semblaient attendre avec effroi le jour où la nation proclamerait ses représentans et les montrerait à l'Europe, comme les hommes de son choix; mais une triste et longue expérience avait depuis long-temps éclairé la patrie. Elle n'ignorait plus que la liberté, telle que la voulaient d'impudens orateurs, ne peut enfanter que la licence et la perte des mœurs. Lasse de rougir des violentes diatribes de plusieurs de ses commettans, elle en a fait justice, et nous entendons avec joie retentir dans la France entière, le cri de la délivrance.

Confondus de l'éclatante victoire remportée par les amis de la paix et des saines doctrines, quelques journaux, échos solitaires d'un parti expirant, ont déjà trouvé mille raisons pour l'expliquer à leur avantage et couvrir d'un voile tutélaire la faiblesse de leur cause : « L'argent » des ministres, nous disent-ils, a tout fait, et » tel aurait voté pour un candidat libéral, qui » n'a pu résister à de belles promesses, ou con- » sentir à se voir dépouiller de fonctions ho- » norables et lucratives. » Heureusement nous savons tous apprécier, à leur juste valeur, ces phrases banales, dont chaque année, *le Constitutionnel* et *le Courrier* remplissent leurs colonnes. Dans un gouvernement représentatif, la liberté des votes est la plus belle prérogative de l'électeur, et le ministère qui voudrait la lui ravir, pourrait être justement accusé de ne point remplir son mandat et d'exercer un pouvoir arbitraire ; mais nous le demandons à tout homme qui réfléchit : est-ce enlever la liberté du vote que de destituer un fonctionnaire qui par de sourdes menées et des intrigues secrètes veut sapper le trône de son prince, et n'em-

ploie le crédit dont il est revêtu qu'à lui susci-
ter de nouveaux ennemis? Non, sans doute,
c'est au contraire agir en sujet fidèle, en mi-
nistre éclairé. Voilà pourtant ce que ne veulent
point avouer les écrivains libéraux, ennemis
jurés de tout sentiment généreux. A les entendre, chaque électeur a sa conscience pour
guide, et ne peut, sans mentir à l'honneur, la
réduire au silence. Oui, nous en convenons;
mais aussi, n'est-il pas souverainement ridicule
de prétendre qu'on ne peut ravir à un insensé
les armes dont il veut se servir contre celui qui
ne les lui donna que pour captiver son cœur?
Telle a toujours été la logique de MM. les libéraux; elle ne fera pas fortune, nous osons le
prédire : la main tardive de l'expérience a
soulevé le bandeau de nos longues erreurs, et
détruit pour jamais de funestes illusions. Sans
doute nôtre cœur ne cessera point de battre aux
mots sacrés d'*honneur* et de *liberté*; mais nous
savons trop ce que c'est qu'une liberté sans
frein, et dût en gémir certaine faction, le
régne des lois est préférable au régime de 93,
ainsi qu'au règne du *grand homme*. Au reste, il
serait difficile de citer un seul fonctionnaire pu-
blic destitué pour cause de son vote : on de-
vrait s'étonner plutôt de voir encore à la tête

d'un vaste département du midi, certain préfet qui, par de honteuses manœuvres, a fermé au digne ami du général Donnadieu, au brave Canuel, la porte de la Chambre des Députés, lorsque tous les vœux des Français l'appelaient à siéger parmi nos représentans.

Jamais, peut-être, et cette remarque ne doit échapper à personne, les Élections, de la part du ministère, n'ont été, si l'on peut parler ainsi, plus abandonnées à elles-mêmes. La guerre malheureuse qui désole l'Espagne, l'assemblée des Rois de l'Europe, méditant le bonheur des peuples et le triomphe de la morale, tout absorbe entièrement l'attention publique et celle du gouvernement. Voyez pourtant avec quelle assurance les journaux de l'opposition veulent que la voix des électeurs ait été achetée au poids de l'or! étrange manière de se consoler d'une défaite! car, ainsi que l'observe la *Quotidienne* du 23 novembre dernier, les électeurs libéraux sont les seuls qu'il ait été nécessaire de séduire, puisque le ministère est éminemment royaliste : dans ce cas où donc est leur conscience? où donc est cet honneur sévère, cette insigne probité *qui caractérise leur parti* et qu'ils nous vantent avec une si comique persévérance? Et maintenant, si le parti libéral est en France le *plus fort et le plus nombreux*, comme ils l'ont prétendu tant de fois, ne doit-on pas s'étonner de l'immense quantité d'or qu'il aura fallu distribuer. Avouons du moins avec franchise que ce serait un argent bien employé, puisqu'il retournerait dans les coffres des ministres, et que tout l'avantage serait évidemment de leur côté.

Non, non : nous ne voulons pas calomnier l'immense majorité des Français; nous aimons à croire même que les restes du parti libéral ont été fermes dans leurs principes, et que les offres du ministère, quelque brillantes qu'elles aient été, n'ont pu les éblouir; si de tous côtés des hommes royalistes et courageux ont réuni la presque unanimité des suffrages, si de tous côtés une faible opposition a été étouffée par les sentimens d'amour et de fidélité qui nous attachent à notre auguste Monarque, que les députés libéraux s'en accusent seuls. Leurs clameurs révolutionnaires, leur haîne pour tout ce qui est grand et royal, leur mépris enfin pour les institutions qui peuvent assurer le bonheur des peuples et le triomphe de la morale nous les ont fait rejeter.

Le temps est arrivé où nous pouvons, malgré de vaines déclamations, convaincre l'Europe entière de l'esprit qui anime la France. La seconde série. devait se composer de quatre-vingt-six députés. Sur ce nombre, soixante et dix-huit ont été nommés par les royalistes, et huit seulement par leurs adversaires. Cette simple énumération ne suffit-elle pas pour réfuter victorieusement les ennemis de la légitimité? Honneur aux départemens qui viennent de donner à notre auguste Monarque, une preuve si frappante de leur amour pour sa cause royale! Honneur surtout au département du Nord, qui, pour se faire représenter à la Chambre, vient d'associer à l'élite de ses citoyens M. de Marchangy, cet éloquent et noble défenseur de la Religion et du trône!

Nous l'avouons : au milieu de tant de succès éclatans, une triste nouvelle a resserré nos cœurs. La Vendée, la fidèle Vendée, asservie à de nouveaux possesseurs, deviendrait-elle le sol de la rébellion? cette terre sacrée où des milliers de braves combattaient et mouraient au noble cri de VIVE LE ROI.... *quand même!* n'enfanterait-elle plus que de lâches apostats (1), ou

____

(1) Judas se trouva bien au nombre des douze disciples choisis par Jésus-Christ; pourquoi ne citerait-on pas son second dans toute la Vendée? La philosophie M. de Saint-Aignan est si puis-

d'indignes Français? Rassurons-nous, si deux arrondissemens de cette immortelle province *ont fait un choix pénible au cœur de notre Roi;* il sait depuis long-temps, et la France le sait avec lui, que *la majorité des deux colléges n'est qu'une faible minorité dans ce pays* (1), où le nom d'un Bourbon peut enfanter des prodiges.

Quoi qu'il en soit, la nomination de M. Manuel ne peut manquer d'occasioner de vifs débats à la Chambre, et lui-même doit se trouver dans une position fort extraordinaire, pour quiconque veut faire marcher l'honneur avant tout. On se rappelle le mécontentement du parti *constitutionnel*, lorsque pour la première fois il fut proclamé député. Cet homme qui, en 1815, *s'étonnait qu'il y eût encore en France des gens qui rêvassent le retour des Bourbons,* ne pouvait plaire à ceux qu'une nuance légère écartait seule du parti royaliste : aussi de toutes parts

---

sante !...... Au reste, que l'ex-fidèle serviteur de son Roi, M. le comte Duchaffault, apprenne ici de la bouche d'un jeune homme, que celui-là seul est *servile*, qui trahit son honneur et sa patrie pour se jeter dans une faction que l'intrigue soutient et que désavoue la gloire.

(1) Discours de M. le comte Humbert de Sesmaisons, pour la clôture du collège des Sables-d'Olonne.

des réclamations s'élevèrent, et l'on jugea bientôt quel tort il porterait à la cause libérale. La froideur de quelques amis du côté gauche n'a pas été, pour M. Manuel, une raison de modérer ses opinions républicaines. Dans une orageuse séance, il osa déclarer à la tribune, en face de sujets dévoués, que *la France avait reçu son Roi légitime avec répugnance.* Une telle audace, en donnant la mesure de ses sentimens, glaça tous les cœurs; un cri d'indignation retentit dans la France, et les libéraux consternés s'empressèrent de désavouer l'allégation de *leur honorable ami.* Nous nous adressons maintenant à la bonne foi de nos concitoyens : Est-il convenable que M. Manuel reparaisse à la Chambre, et ne s'élévera-t-il pas une voix courageuse qui demande qu'on lui interdise à jamais de siéger parmi les mandataires de notre fidèle patrie ?

Le premier acte de l'Assemblée des Députés est un serment de fidélité aux Bourbons. Comment donc M. Manuel, qui ne les a vus remonter sur leur trône qu'*avec répugnance,* accordera-t-il son ambition et sa conscience ? Nous connaissons tous l'invariabilité de ses principes politiques; ses discours révolutionnaires, ses exclamations fougeuses, ses incartades républi-

caines ont volé de bouche en bouche, et plus
d'une fois les journaux étrangers en ont rougi
pour la France. Viendra-t-il donc aux pieds du
Monarque, jurer de lui être fidèle, lorsqu'il a
si hautement proclamé son extrême répugnance
pour ce fils de Saint-Louis et son auguste Fa-
mille ? Ce serait une action téméraire, pour ne
rien dire de plus. Sans doute alors repoussé
par les deux parties, le député des Sables-
d'Olonne, n'aurait d'autre alternative que de
se dérober à tous les regards, ou de désavouer
à la tribune, ses principes politiques avec la
même ardeur qu'il les a manifestés tant de fois.

Oui, nous espérons que nos loyaux députés
feront entendre leurs voix. Attachés au trône
des Bourbons par les liens sacrés de l'amour
et de la reconnaissance, ils lui signaleront son
ennemi le plus acharné, et une justice éclatante, quoique tardive, prononcera sur son sort.
A Dieu ne plaise que nous attachions aucune
indignité personnelle à cette réprobation que
nous jugeons nécessaire ; il ne nous appartient
point d'examiner ici la conduite privée du député des Sables-d'Olonne, et de discuter ses
vertus domestiques. Seulement nous croyons
que ses droits à la qualité dont l'ont investi
deux collèges de la Vendée, doivent être con-

sidérés comme nuls, et M. Manuel peut-être nous saura gré de lui avoir épargné une alternative cruelle pour un homme d'honneur.

Au reste, que le motif *d'indignité* soit porté à la Chambre, et reconnu valide, ou que, guidée par une indulgence incroyable, elle oublie les principes professés jusqu'à ce jour, par ce membre de l'extrême gauche, et le reçoive en son sein, les amis de la monarchie n'ont rien à redouter. Plus de réserve dans les discours de *l'homme aux répugnances* en eût fait peut-être un plus dangereux ennemi. Maintenant il ne doit inspirer aucune crainte. Si les royalistes ont vu se ranger au milieu d'eux un grand nombre de Français égarés, si chaque jour encore les cœurs volent au-devant des Bourbons en abjurant de funestes erreurs, nous pouvons en rendre grâce aux membres de l'opposition ; ils n'ont pas réfléchi que la fusion du parti républicain, dans le parti simplement constitutionnel, était un coup mortel qui faisait perdre à ce dernier tout ce qu'il pouvait avoir de spécieux aux yeux de certaines gens, et devait nécessairement en accélérer la perte. Aussi, l'ex-député de la Sarthe, M. Benjamin Constant, a-t-il trouvé dans le silence des électeurs le prix qu'il méritait si bien. Si quelques autres plus heureux remontent à cette tribune souillée tant de fois par d'indignes vociférations, ils seront là comme des sentinelles placées par la prévoyance. La masse imposante des députés fidèles saura par leurs clameurs ce qu'il lui reste encore à faire pour sauver entièrement la patrie, et son courage puisera de nouvelles forces dans l'opposition de ses plus chauds adversaires.

Vainement, pour donner l'alarme à quelques esprits timides, les libéraux ont répandu le bruit de la chute inévitable du ministère. Fidèle à la loi qu'il s'est imposée, il marche environné de l'estime publique, et chaque instant affermit ses forces et double nos espérances. Laissons la haine exhaler ses cris impuissans; les vœux de la France entière soutiendront contre leurs détracteurs les ministres éclairés que le Monarque daigna nous accorder, et que tant de fois nous avons desiré, lorsqu'un homme sans caractère, n'ayant d'autre règle que ses caprices, favorisait tour-à-tour les amis et les ennemis de son Prince, et compromettait, par système, nos intérêts les plus chers.

Peut-être, et nous serions portés à le croire, nos ministres, en déplorant l'état malheureux de l'Espagne, avaient-ils d'abord, pour la rendre au bonheur, conçu des projets différens;

mais les crimes d'une turbulente faction, ses exécrables attentats ont fait pencher la balance..... N'attribuons donc point à la division de notre cabinet le repos momentané de l'armée française. Il est des considérations puissantes qui peuvent enchaîner souvent la volonté la plus déterminée. Elles cesseront bientôt, nous osons l'espérer. Ce n'est pas en vain que l'Europe aura vu s'assembler à Vérone ses têtes couronnées et ses plus fameux diplomates. Ranime-toi, sainte et vieille Espagne! d'indignes sujets ont froissé tes nobles institutions, des monstres ont fait couler le sang dont tu t'enorgueillissais davantage; même en ce jour, leurs poignards homicides sont levés sur le sein de ton Roi.... Eh bien! sèches tes pleurs! le cri d'alarme a retenti dans le Monde; les trônes sont solidaires, et le tien, soutenu dans sa chute par nos troupes victorieuses, va se relever plus brillant que jamais!

Rien ne donne une plus juste idée des libéraux et des sentimens qu'ils professent, que leur empressement à soutenir que la Sainte-Alliance ne doit point intervenir dans les affaires d'Espagne. Ils emploient à ce sujet tous les lieux communs, toutes les maximes générales qui peuvent exciter les passions et faire

naître la crainte: « L'armée constitutionnelle
» est nombreuse, disent-ils; animée par le pa-
» triotisme et le feu de la liberté, elle est in-
» vincible ». Quoi! c'est à des soldats français
qu'ils tiennent ce langage! ils osent outrager la
nation en lui montrant dans le nombre de ses
ennemis des motifs pour reculer lâchement, ou
rester dans un indigne repos! Les voilà donc
ces grands admirateurs de nos exploits, ces
hommes qui doivent consacrer à la postérité le
récit de nos hauts faits! Ils lui diront sans doute
qu'un jour, moins de vingt mille factieux Espa-
gnols voulurent bouleverser leur patrie, et que
les Français, glacés par la crainte, laissèrent
tomber leurs armes! Indigne subterfuge! comme
si jamais le nombre et le courage nous eussent
fait trembler un instant! Nous voyons à tra-
vers ces phrases hypocrites le but que se pro-
posent les partisans des carbonari de la Péninsule, et les lecteurs en ont fait justice. Mais
ce n'est pas seulement par des écrits que nos
libéraux compatriotes et leurs amis d'*outre-
mer* ont voulu démontrer l'impossibilité d'une
guerre avec l'Espagne. Il fallait des preuves
plus frappantes; et, pour les faire naître, l'argent a été prodigué. Personne aujourd'hui n'est
dupe de la baisse considérable que les fonds

ont dernièrement éprouvée. Le moment était favorable : on craignait le triomphe des royalistes dans les Élections, et les grandes villes de l'Europe ont été couvertes d'émissaires. Partout l'or adroitement semé a fait naître des craintes pour l'avenir, et l'alarme, circulant avec lui, a successivement pénétré dans Londres, dans Amsterdam, dans Vienne et dans Madrid. Quelques négocians ont tremblé, et pour éviter une guerre qui, *selon toutes les probabilités*, devait porter un coup mortel au commerce de la France, ils ont cru devoir, dans leurs colléges respectifs, favoriser les candidats libéraux. Heureusement de tels projets ont échoué devant la confiance publique, et l'on sait maintenant dans quel quartier de Paris la honte s'est réfugiée.

Toutes les questions à faire sur l'état de l'Espagne, se réduisent à celle-ci : La Sainte-Alliance interviendra-t-elle pour la sauver d'une ruine totale ? Si le malheur de l'Espagne ne menaçait qu'elle ; si elle devait périr seule dans la guerre intestine qui la déchire, on pourrait peut-être opposer aux partisans de l'intervention quelques motifs spécieux ; mais une triste expérience doit avoir appris aux souverains avec quelle rapidité les révolutions se forment, s'étendent et engloutissent les empires : elles sont comme un incendie qui ne s'arrête que lorsque tout est dévoré. Qu'ils ouvrent les pages de notre histoire! quelle plus frappante leçon leur donnera la politique? Prévoyait-on en 1789 les maux affreux qui firent de notre patrie un tombeau de tout ce qu'il y avait de plus grand et de plus noble? Et si quatre-vingt mille hommes eussent alors marché au secours d'un Monarque aussi bon qu'il fut malheureux, sa tête serait-elle tombée sous la hache révolutionnaire aux cris de *vive la liberté;* la Reine et cette Élisabeth, ange de grâce et de vertus, auraient-elles rougi de leur sang l'échafaud dressé par les mains de la plus vile, de la plus méprisable assemblée?....

Le noble pair que la France a choisi pour être son interprète au congrès de Vérone, M. le vicomte de Chateaubriand, disait à la première nouvelle de la révolution espagnole: « La paix de l'Espagne importe à la paix du » Monde. Si la légitimité était en péril au-delà » des Pyrénées, elle serait également menacée » dans le reste de l'Europe.... Les révolution- » naires s'entendent en tout pays ; ils ont par- » tout les mêmes intérêts, les mêmes doctrines. » Les hommes monarchiques des diverses na-

» tions doivent imiter cet exemple ; ils doivent
» se prêter un mutuel appui. Il convient surtout
» aux chrétiens de soutenir les vieux chrétiens
» de la vieille Espagne. Quiconque verrait au-
» jourd'hui les intérêts du peuple dans les in-
» térêts du commerce serait peu de chose.
» Ah! que les vaisseaux pourrissent dans les
» ports pourvu que la société soit sauvée du
» naufrage! »

L'éloquent écrivain ne prévoyait pas alors à quel degré de férocité se porteraient les carbonari de la Péninsule. Quelles pages auraient été les siennes, s'il eût entendu les orateurs de la *Fontana-d'Oro,* de leurs voix pleines de sang, appeler le fer des égorgeurs sur la noblesse espagnole! Que dis-je? Leur barbarie n'a-t-elle pas surpassé toute croyance? Et les Infans condamnés aux galères comme de vils criminels, ne demandent-ils pas vengeance à tous les souverains de l'Europe, à tous les cœurs généreux? Quoi! des Bourbons condamnés aux galères! des descendans de Saint-Louis, des fils de Henri IV, traînant des chaînes pesantes, et mouillant de leurs larmes le sol de la patrie!!! O France! périsse à jamais ta gloire entre les nations, si tes armes ne vengent pas un si sanglant outrage! Que tardes-tu?

l'Espagne gémissant sous une poignée de factieux te conjure et t'implore.... Va, la justice guidera tes légions triomphantes et le drapeau sans tache verra fuir une horde de pervers!

Au reste, cette guerre que nous croyons inévitable ne froissera pas autant d'intérêts qu'on se l'était d'abord imaginé. Nos relations avec l'Espagne ont reçu de fortes atteintes dès les premiers jours de sa révolution; nous pourrions dire même qu'elles ont entièrement cessé. Doit-on, au surplus, dans les circonstances présentes, considérer quelques intérêts isolés comme assez puissans pour empêcher nos armées d'envahir la Péninsule, lorsque l'humanité, le sang de nos Rois, la Religion nous appellent? Non : le ministère qui gouverne la France, fort de sa sagesse, fort de l'exemple du temps passé, ne saurait hésiter un moment ; il veut le triomphe des saines doctrines, la renaissance du commerce, la paix générale; il doit donc se déclarer pour la guerre, puisque, sans elle, tout nous est infailliblement ravi.

Un heureux avenir se présente à nos yeux ; la Religion plus florissante que jamais voit de tous côtés se relever ses temples abattus. De saints prélats, de vénérables pasteurs vont concourir bientôt à la solennité de ses fêtes.

L'esprit de vertige qui nous égara si long-temps finira de se calmer à leur voix paternelle. L'homme, au milieu de ses plus grands excès, a besoin de sentimens, et la Religion peut seule les faire naître et les conserver ; hors d'elle tout n'est qu'efforts ; elle prête des charmes au talent, de la grâce à la beauté, du courage à l'innocence.... Que sont les sociétés dont elle n'est pas la base, ou plutôt quelle est leur existence ? Au commencement du siècle dernier, quand de hardis novateurs l'attaquèrent de toutes parts, un Ordre aussi célèbre par les vertus que par le génie de ses membres, pouvait encore la soutenir et fixer la victoire à sa suite ; mais le philosophisme ne cessa d'aboyer jusqu'à ce que, trompé par ses ministres, Louis XV, eût obtenu de la faiblesse d'un pape, si grand d'ailleurs, son entière dissolution. Avec lui s'écroula l'édifice social dont il était le plus ferme rempart, ainsi que ce mode admirable d'éducation qui donna tant de savans à la France, et tant d'hommes vertueux à l'État.

Aujourd'hui, que par une insigne faveur du Monarque, l'université a pour chef un prélat recommandable, et par de rares talens, et par cinquante années de travaux apostoliques, nous verrons sans doute s'améliorer, ou plutôt se refondre en entier, le système adopté dans des temps malheureux. La Religion doit être la base de toute éducation. Il importe à la patrie d'avoir des citoyens vertueux, plutôt que des savans. Bien loin d'ailleurs que la Religion soit nuisible aux talens, elle en est le véhicule, et leur donne un plus sublime objet. Si l'on nous accusait de vouloir ramener les *temps de bar-barie*, car c'est là le reproche ordinaire, nous citerions le GRAND SIÈCLE, et nous deman-derions à nos adversaires, si Pascal, Fénélon, Bossuet et Massillon, avant de s'élancer dans la carrière des sciences humaines, et d'étonner le Monde, n'avaient pas appris à connaître la seule qui puisse conduire au bonheur? La cor-ruption des mœurs et les malheurs qui en ont été la suite, exigent des remèdes aussi prompts qu'efficaces. Ce n'est qu'en ravissant aux hommes de la révolution toute influence sur la jeunesse, qu'on peut espérer un bonheur inaltérable. Son aurore commence à se lever sur la France. Déjà, dans plusieurs de nos provinces, des prêtres respectables et éclairés sont préposés au gou-vernement des colléges (1). Entourés de la con-

---

(1) Parmi ceux qu'on peut citer avec éloge, nous nomme-rons le proviseur du Collége royal de Bourges, M. l'abbé

fiance publique, et loin d'un monde qu'ils pourraient éblouir, ils consacrent leurs jours à faire germer dans le cœur de la jeunesse le respect dû aux autorités légitimes et l'amour de la Religion, vraie source de l'honneur et des talens. Espérons que leur exemple ne sera pas perdu pour la France, et qu'on sentira bientôt la nécessité de confier les rênes de l'éducation à des hommes inaccessibles à toutes les passions, qui font souvent, de nos établissemens publics, le tombeau de tous sentimens généreux.

Mougin, dont le Monarque a dignement récompensé les succès, en lui accordant la décoration de l'Ordre royal de la Légion-d'Honneur.

FIN.